Yildiz Akgüc
Theo Doerfler
Nina Raunegger

Deutsch als Zweitsprache

Gezielt fördern und differenzieren, 1. und 2. Schuljahr

Oldenbourg

Inhalt

Einleitung

Der vorliegende Kopiervorlagenband „Deutsch als Zweitsprache" (DaZ) bietet eine Fülle an Unterrichtsideen zu den vier Bereichen Hören, Sprechen, Lesen und Schreiben für das erste und zweite Schuljahr. Natürlich lassen sich die aufgeführten Praxisbeispiele nicht immer ausschließlich nur einem der oben genannten Bereiche zuordnen – was auch wenig sinnvoll wäre. Denn im Idealfall sollten in einer Unterrichtseinheit alle vier „skills" berührt werden – möglichst in der oben genannten Reihenfolge. Trotzdem wurde der Übersichtlichkeit halber bei den einzelnen Unterrichtsbeispielen der Schwerpunkt auf einen der Bereiche gesetzt. Auch die Berücksichtigung DaZ-spezifischer Unterrichtsprinzipien war uns ein wichtiges Anliegen. Diese möchten wir hier in aller Kürze vorstellen:

- Der DaZ-Unterricht sollte nach Möglichkeit viele anregende kommunikative Situationen schaffen. Dabei ist zu beachten, dass die Sprechanlässe einen authentischen Charakter haben und das schon vorhandene Sprachwissen der Kinder einbeziehen und darauf aufbauen. Kooperative Arbeitsformen unterstützen die Kommunikation und tragen zu einer natürlichen Sprachentwicklung bei.
- Implizites Sprachenlernen ist ein weiterer zentraler Aspekt im DaZ-Unterricht. In den aufgeführten Unterrichtseinheiten werden folglich immer wieder Situationen geschaffen, die die Kinder zu einem Nachdenken über Sprache herausfordern und sie ermutigen, Sprache gezielt anzuwenden. Auf diese Weise werden die Kinder flexibler im Gebrauch der deutschen Sprache. Auf Grammatikeinheiten im klassischen Sinn haben wir dagegen bewusst verzichtet. Im Übrigen: Eine Grammatikregel zu benennen und eine Regel an Beispielen umzusetzen (deklaratives Wissen), ist kategorial eine andere Kompetenz als die Anwendung dieser Regel in authentischen Kommunikationssituationen (prozedurales Wissen). Gerade Schülerinnen und Schüler im Zweitspracherwerb der Grundschule sind durch einen kognitiv ausgerichteten sprachstrukturellen Unterricht überfordert. Außerdem fehlt den Kindern jeglicher Fachwortschatz, um Grammatikregeln zu beschreiben und in Folge zu verstehen. Daher gilt es, das vorhandene Sprachgefühl durch unterschiedliche motivierende und authentische Situationen anzuregen und auszubauen. Sprache kann, wie wir wissen, nur in bedeutsamen Zusammenhängen gelernt werden. Aus diesem Grund wurden entsprechende „settings" gewählt, die dazu beitragen, ein Sprachgefühl zu entwickeln und den Kindern sprachstrukturelle Hilfen an die Hand zu geben. Handlungsbegleitendes Sprechen unterstützt diesen Prozess, vor allem im ersten und zweiten Schuljahr.
- Weiterhin sollte man auf eine vorbildliche Lehrersprache achten und immer wieder versuchen, die jeweilige Muttersprache der Kinder in den Unterricht miteinzubeziehen. Meist geschieht dies über Lernsituationen, die die Wortschatzarbeit betreffen.
- Schule und Klassenzimmer sollten darüber hinaus immer auch ein Ort des interkulturellen Lernens sein.

Alle in diesem Band aufgeführten Unterrichtsbeispiele sind aus der Praxis heraus entstanden. Es steht jeweils eine Aufgabe im Zentrum jeder Einheit. Diese kann entsprechend variiert und methodisch-didaktisch angereichert werden, sodass sie sich flexibel an die Erfordernisse der Lerngruppe anpassen lässt. Die inhaltliche Öffnung erlaubt zudem eine Berücksichtigung des individuellen Sprachstandes der Kinder.

Methodisch-didaktische Hinweise

Einheit 1: Im verrückten Schloss

Im Rahmen der Einheit liest die Lehrerin* eine Geschichte (KV 1) vor, während die Kinder die entsprechenden Bildkarten (KV 2) in der richtigen Reihenfolge auslegen sollen. Auf diese Weise werden das genaue Zuhören sowie das Textverständnis gefördert. Im Anschluss geben die Kinder im Sinne einer Nacherzählung die Geschichte mithilfe der Bildkarten wieder. Dabei muss nicht ein Kind allein die gesamte Geschichte erzählen; diese kann stattdessen auf mehrere Schüler verteilt werden, sodass jeweils ein Kind zu einer Bildkarte erzählt.
Als Einstieg in die Einheit bietet es sich an, die zuvor hochkopierten Bildkarten ungeordnet in die Mitte des Stuhlkreises zu legen bzw. an die Tafel zu heften. Über diesen stummen Impuls wird freies Erzählen initiiert. Zugleich lässt sich gemeinsam der Wortschatz im Laufe der individuellen Geschichten klären. Im Anschluss bekommt jedes Kind (bei Klassenstärke in Partnerarbeit) einen Satz kleiner Bildkarten. Diese bringen die Kinder während der Erzählung in die richtige Reihenfolge. Im Anschluss an die Nacherzählungen der Kinder können gemeinsam Fingerpuppen (KV 3) gebastelt werden, mit denen die Schüler die Geschichte szenisch umsetzen. Natürlich können sie auch eigene Geschichten zu den Figuren erfinden. Im zweiten Schuljahr lässt sich ein Schreibanlass anschließen. Darüber hinaus können die Bildkarten auch für ein Bingo verwendet werden.

Einheit 2: Professor Paul Pommerwein

Der didaktische Aufbau dieser Unterrichtsidee entspricht dem der ersten Einheit. Allerdings schließt die Geschichte (KV 4) hier mit einem offenen Ende. Dieses wird durch eine leere Bildkarte (KV 5) symbolisiert. Die Kinder sollen nun nach der Erzählung bzw. dem Nacherzählen einen eigenen Schluss finden. Dieser kann zunächst gemalt und von Kindern des 2. Schuljahres evtl. auch aufgeschrieben werden. Übrigens bietet es sich an, die Erzählungen der Kinder mit einem Diktiergerät aufzunehmen. Die Motivation, die eigene Geschichte nochmals anzuhören, ist unserer Erfahrung nach sehr hoch und lässt sich geschickt nutzen, um das konzentrierte Zuhören zu trainieren. So erhalten die Kinder beim Abspielen der Tonaufnahmen die Aufgabe, darauf zu achten, ob alle Details der Geschichte genannt wurden bzw. an welchen Stellen eigene Ideen hinzugefügt wurden. Oft entstehen sehr interessante Variationen.

*Aus Gründen der leichteren Lesbarkeit haben wir im weiteren Verlauf des Buches die weibliche oder männliche Form gewählt. Selbstverständlich sind immer Lehrerinnen und Lehrer, Schülerinnen und Schüler gemeint.

Im Anschluss an die Arbeit mit den Bildkarten können die beiden Reime (KV 6) behandelt werden. Beim Reim „Der Roboter“ lassen sich Bewegungen und rhythmisches Sprechen (Robotersprache) verbinden: Die ersten drei Zeilen werden in der „Robotersprache“ gesprochen, während die Kinder dazu im Takt durch den Raum laufen. Bei der vierten Zeile bleiben die Kinder stehen. Bei der fünften Zeile drehen sich alle zur rechten oder linken Seite um. Dann wird der Spruch erneut aufgesagt. Abschließend basteln die Kinder den Roboter gemäß der Vorlage (KV 7).
Der zweite Reim „Das bin ich!“ greift das Thema Körperteile auf. Auch hier können die Kinder wieder textbegleitend Bewegungen machen und anschließend den Roboter anfertigen. Die Teile des Roboters lassen sich übrigens gut mit Klammern für Versandtaschen fixieren, sodass die Figur beweglich ist.

Einheit 3: Zwerg und Riese

Zum Einstieg kann man mit den Kindern das bekannte Bewegungsspiel „Zwerg, Mensch, Riese“ spielen: Die Lehrerin erzählt eine Geschichte, in der immer wieder die Wörter „Zwerg“, „Mensch“ und „Riese“ vorkommen. Die Kinder bewegen sich frei im Raum, hören aufmerksam zu und gehen bei dem Wort „Zwerg“ in die Hocke, bei dem Wort „Mensch“ normal aufrecht und strecken sich nach oben, sobald die Lehrerin das Wort „Riese“ nennt.
Im Anschluss wird als stummer Impuls das Bild (KV 8) gezeigt, auf dem der Riese gemeinsam mit dem Zwerg zu sehen ist. Die Kinder betrachten das Bild und erzählen dazu. Dann trägt die Lehrerin die Geschichte (KV 9) vom Riesen und dem Zwerg vor. Wenn sie das Wort „Riese“ oder „Zwerg“ erwähnt, sollen die Kinder entweder den Spruch „Groß ist der Riese, viel größer als die Wiese!“ oder „Klein ist der Zwerg, viel kleiner als der Berg!“ im Chor sprechen. Zu den beiden Sätzen können die Kinder wieder Bewegungen durchführen. In einem zweiten Durchgang bekommen die Kinder den Auftrag, sich das Aussehen des Riesen, des Zwerges und des Zwergenhauses einzuprägen. Denn im nächsten Schritt sollen sie auf einer Bildvorlage (KV 10) die zwei Figuren sowie das Haus in den richtigen Farben ausmalen. Abschließend können die Kinder die Sprechblasen mit dem einen oder anderen passenden Wort oder Satz füllen.

Einheit 4: Von Kopf bis Fuß

Im Fokus der nachfolgenden Einheit stehen das Hörverstehen und die Erweiterung des aktiven Wortschatzes der Kinder zum Thema Körperteile. Das Bilderbuch „Von Kopf bis Fuß“ von Eric Carle mit

seinen sich stetig wiederholenden Phrasen „Ich bin ein Pinguin und drehe meinen Kopf. Kannst du das auch?“ eignet sich gut, um eigene kleine Dialoge zu generieren.
Zum Aufwärmen kann man mit den Kindern das Spiel „Sarah sagt…“ spielen. Dabei stehen die Kinder im Kreis und führen kurze Anweisungen der Lehrerin aus, indem sie dazu passende Körperbewegungen machen. Hören die Kinder zum Beispiel den Satz „Sarah sagt: Schnippe drei Mal mit deinen Fingern“, schnippen sie drei Mal mit ihren Fingern. Man muss genau hinhören, denn entsprechende Bewegungen sind nur dann auszuführen, wenn die Anweisung mit „Sarah sagt…“ beginnt. Dagegen soll die Aufforderung „Stelle dich auf Zehenspitzen“ von den Kindern einfach ignoriert werden. Für jede passend ausgeführte Bewegung bekommt das Kind einen Punkt. Wer am Ende die meisten Punkte gesammelt hat, hat gewonnen. Der Schwierigkeitsgrad lässt sich steigern, indem die Anweisungen länger werden oder die Lehrerin falsche Bewegungen zu ihrer Anweisung ausübt. Außerdem macht es Spaß, wenn statt der Lehrerin auch einmal ein Kind die Aufforderungen vorgibt. Ziel dieser Phase ist es, den Kindern über das Spiel die Gelegenheit zu geben, den im Buch verarbeiteten Wortschatz schon einmal rezeptiv aufzunehmen und ihn inhaltlich zu erschließen.
Im Anschluss sammeln sich die Kinder in einem „Kinositz“ (also in mehreren Reihen hintereinander, leicht versetzt, sodass jedes Kind freie Sicht nach vorn hat) vor der Tafel. Dann präsentiert die Lehrerin die Titelseite des Buches. Die Kinder äußern sich frei dazu und stellen Vermutungen über den Inhalt an. Anschließend liest die Lehrerin das Buch vor und lässt die Kinder währenddessen die Bildseiten betrachten. Da die Satzstruktur einfach ist und sich wiederholt, können die Kinder häufig schon nach einigen Seiten mitsprechen. Nachdem die Geschichte zum ersten Mal vorgetragen wurde, äußern sich die Kinder frei zum Gehörten. Gemeinsam tragen sie die Namen der Tiere und die Bezeichnung der Bewegungen, die sie ausführen, zusammen. Dabei werden parallel die Tiere als Bild- und Wortkarten (KV 11) an die Tafel gehängt. Im nächsten Schritt ordnen die Kinder die ausgeführten Bewegungen als Wortkarte (klatschen, in die Knie gehen…, KV 12) dem jeweiligen Tier zu. Auf diese Weise wird der neue Wortschatz visualisiert und prägt sich als Wortbild gut ein. Zusätzlich stehen die (Wort-)Karten als Gedächtnisstütze für anschließende Übungen zur Verfügung. Dies kommt insbesondere den schwächeren Kindern zugute.
Während des anschließenden zweiten Lesedurchgangs sollen die Kinder die Geschichte mitlesen. Hierzu stehen sie in einem kleinen Halbkreis um das auf einem Notenständer o.Ä. stehende Buch herum. Die Kinder sprechen den Text mit der Lehrerin betont mit und führen die zur Textstelle passenden Bewegungen aus. So drücken die Kinder noch einmal nonverbal ihr Verstehen aus und sprechen den in einfachen Satzstrukturen eingebetteten Wortschatz imitativ mit.
Abschließend sollen die Kinder die im Buch immer wiederkehrenden Sätze nutzen, um in Partnerarbeit einen eigenen kleinen Dialog zu entwickeln. Dazu greift die Lehrerin die Satzstrukturen auf und führt mit einem Freiwilligen einen Beispieldialog: „Ich bin ein Pinguin und drehe meinen Kopf. Kannst du das auch?“ Das Kind führt die passende Bewegung aus und antwortet entsprechend: „Das kann ich auch!“ Anschließend sucht es sich ein Tier aus und stellt die Frage: „Ich bin ein Affe und schwinge mit den Armen. Kannst du das auch?“ Satzstreifen an der Tafel helfen den Kindern beim Memorieren des Dialogs. Nun gehen die Kinder im Klassenraum umher und führen mit selbstgewählten Partnern kleine Dialoge.
Als Abschluss können die Kinder ein eigenes kleines Minibuch (KV 13; Faltanleitung s. S. 5) erstellen. Dabei verschriftlichen sie den oben generierten Dialog. In diesem Zusammenhang ist es für die Kinder sehr motivierend, wenn sie sich eigene Tiere ausdenken können, die ungewöhnliche oder witzige Bewegungen machen. Unterstützend kann man zuvor gemeinsam Ideen an der Tafel sammeln.

Einheit 5: Von Stöckelschuhen und Turnschuhen

Die nachfolgende Einheit zeigt über verschiedene Aktivitäten auf, wie Kinder ihren aktiven Wortschatz zum Themenbereich Kleidung erweitern können. Dabei üben sie das erarbeitete Wortmaterial selbstbestimmt und vorwiegend mündlich ein.
Als vorbereitende Hausaufgabe bekommen die Kinder den Auftrag aufzuschreiben, welche Kleidungsstücke sie an einem Tag tragen (beim Schlafen, zu Hause, draußen…). Im Sitzkreis präsentieren sie dann ihre Ergebnisse. Die Lehrerin notiert die Beiträge der Kinder jeweils mit Artikel auf Wortkarten. Mitgebrachte Kleidungsstücke stehen in einem Korb zur Verfügung und werden der passenden Wortkarte zugeordnet. Sinnvoll ist es, dass auch solche Kleidungsstücke als Wörter aufgenommen werden, die üblicherweise nicht von Kindern getragen werden. Hierzu präsentiert die Lehrerin ausgewählte Realien, wie z. B. Stöckelschuhe oder eine Krawatte. Die Bezeichnungen werden wiederum mit dem jeweiligen Artikel auf Wortkarten notiert.
Für das anschließende Spiel „Zeig's mir!“ stehen die Kinder in einem Kreis um die Wortkarten bzw. Realien, herum. Die Lehrerin deutet auf eine Wortkarte. Die Kinder sollen nun möglichst schnell mit dem Finger auf das passende Kleidungsstück zeigen und es benennen. Das Spiel macht besonders viel Spaß, wenn die Geschwindigkeit erhöht wird und die Schüler den Part der Lehrerin übernehmen. Nachdem die Kinder

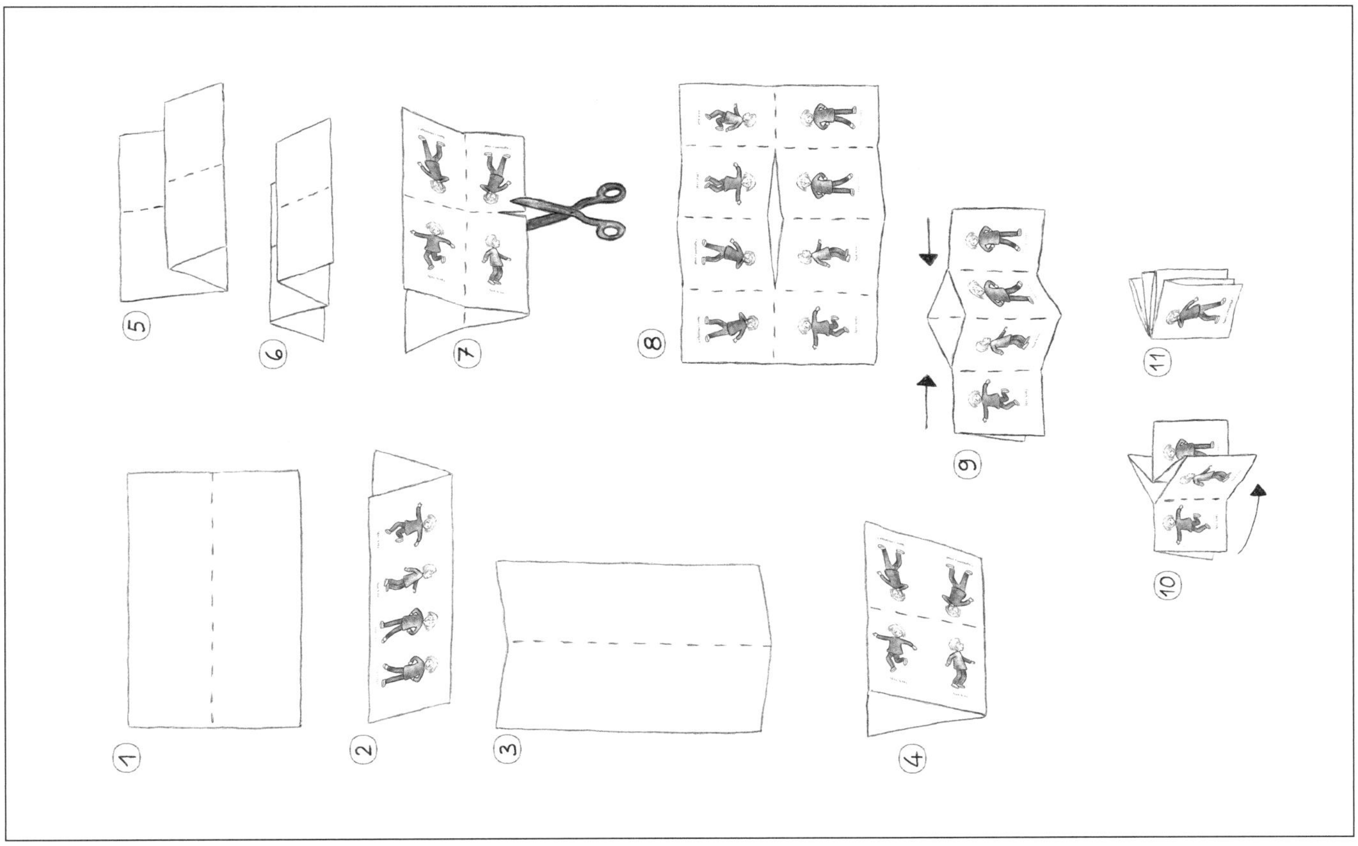

Faltanleitung „Minibuch“, s. Einheit 4

so das Klangbild der neuen Wörter aufgenommen und sich eingeprägt haben, wird das Spiel verändert. Zunächst werden die Wortkarten entfernt. Dann stellt sich ein Kind, umgeben von Kleidungsstücken, in die Mitte, schließt die Augen, dreht sich und deutet dann auf ein bestimmtes Kleidungsstück. Dieses soll nun von einem anderen Kind mit dem richtigen Artikel benannt werden. Wenn die Antwort stimmt, darf sich dieses Kind in die Mitte stellen und wie beschrieben das nächste Kleidungsstück auswählen. Das Spiel geht weiter, bis alle Kleidungsstücke richtig benannt wurden. Anschließend kann ein KIM-Spiel durchgeführt werden, bei dem ein oder mehrere Kleidungsstücke aus dem Kreis entfernt werden, während sich die Kinder die Augen zuhalten. Anschließend müssen sie die fehlenden Realien benennen. Auf diese Weise wird der Wortschatz noch einmal reproduktiv angewendet.

In einem abschließenden Sitzkreisspiel wird der Wortschatz dann auch in einem Satz produktiv angewendet. Dazu startet die Lehrerin z. B. mit folgendem Satz: „Leo trägt eine Badehose.“ Das Nachbarkind wiederholt den Satz und erweitert ihn um ein Kleidungsstück, also: „Leo trägt eine Badehose und eine Sonnenbrille.“ Dann ist das nächste Kind dran usw. So entsteht ein immer längerer Satz.

Anschließend wählen die Kinder mit einem Partner zwischen einer dieser Aufgaben aus:

- Rätsel (schreiben bzw. sprechen): Die Kinder suchen sich verschiedene Kleidungsstücke aus, zu denen sie sich kleine Rätsel (KV 14) ausdenken. Sie können sich entweder Stichpunkte machen oder einen Fließtext entwerfen.
- Paare finden (schreiben bzw. sprechen): In einem Briefumschlag erhalten die Kinder Bilder von verschiedenen Kleidungsstücken (KV 15). Diese kleben sie einzeln auf weiße Notizzettel, während sie auf bunten Zetteln das jeweilige Kleidungsstück als Wort mit passendem Artikel vermerken. Abschließend werden alle Karten umgedreht und die Kinder spielen nach den Memory-Regeln.
- Zieh mich an! (sprechen): Jedes Kind bekommt eine Anzieh-Puppe (Leo oder Lilli, KV 16). Im nächsten Schritt diktieren sich die Kinder gegenseitig, was ihre Puppe trägt (KV 16/17).
- Bei Hempels (sprechen): Kind 1 bekommt ein vollständiges Bild (KV 19) von einem Wohnzimmer, in dem diverse Kleidungsstücke auf, neben oder unter verschiedenen Möbelstücken liegen. Es beschreibt nun Kind 2, das lediglich einen Blankoplan (KV 18) und Bildkarten (KV 15) von den Kleidungsstücken vor sich liegen hat, wo die Kleidungsstücke auf dem Bild angeordnet sind. Dabei gilt es, die Präpositionen richtig anzuwenden. Abschließend wird getauscht und Kind 2 diktiert nun (KV 20).

Als Hilfestellung steht allen Paaren eine thematische Wörterliste (KV 21) zur Verfügung. In einer abschließenden Phase präsentieren die Teams, welche Materialien sie hergestellt haben und wie die Spiele funktionieren. Ein ausgewähltes Spiel wird dann gemeinsam gespielt.

Einheit 6: Kleiner grüner Wurm

Das Gedicht „Kleiner grüner Wurm“ (KV 22) eignet sich gut für Leseanfänger. Die einzelnen Wörter sind übersichtlich in Zeilen angeordnet. Längere Zeilen fordern zur Blickspannerweiterung während des Lesens auf.
Das Gedicht kann zum Einstieg von der Lehrerin vorgetragen werden. Im Anschluss lesen die Kinder den Text in Partnerarbeit und überlegen sich Bewegungen zum Text. Dann wiederholen sie mehrfach den Text sowie die begleitenden Bewegungen, sodass sie das Gedicht bald auswendig können.
Im nächsten Schritt hängt die Lehrerin zwei Bildkarten als stummen Impuls an die Tafel: Auf der einen Karte ist eine Schnecke zu sehen, auf der anderen eine Hecke. Die Kinder stellen fest, dass sich beide Wörter reimen und man im Gedicht die Wörter „Wurm“ und „Turm“ durch „Schnecke“ und „Hecke“ ersetzen kann. Ausgehend von dieser Entdeckung versuchen sie nun, das Originalgedicht umzudichten (KV 23). Dabei kann nachfolgend, je nach Abweichungsgrad vom Original, weiterer Änderungsbedarf entstehen. Auch die anderen auf der Kopiervorlage angegebenen Wortkombinationen können von den Kindern verwendet werden. Lebhaft und betont vorgetragene Gedichte runden die Einheit ab. In einem zweiten Schritt können die Kinder ihr Gedicht natürlich auch aufschreiben, entsprechende Illustrationen hinzufügen und sich passende Bewegungen ausdenken.

Einheit 7: So ein Durcheinander

Auch dieser Text bietet sich zunächst zum Lesen an und animiert die Kinder im weiteren Verlauf zum Erstellen einer eigenen Fortsetzung. Als Gesprächsimpuls zeigt die Lehrerin den Schülern ein Bild (KV 24), auf dem ein Kinderzimmer zu erkennen ist. Im Vordergrund ist eine offene Holzkiste zu sehen. Die Jungen und Mädchen äußern sich frei, benennen einzelne Spielsachen und stellen einen Bezug zum eigenen Kinderzimmer her. Anschließend präsentiert die Lehrerin den Basistext (KV 25, entsprechend hochkopiert) an der Tafel. Die Kinder gehen den Text zunächst leise durch, dann wird das Gedicht gemeinsam gelesen. Dabei stellen die Schüler fest, dass der Text ein offenes Ende hat und entwickeln eventuell schon erste Ideen für einen möglichen Schluss. Sollte den Kindern kein Einfall kommen, kann die Lehrerin ihnen unterstützend Wort- und Bildkarten (KV 26) zur Verfügung stellen.
Als Nächstes wird das Gedicht in Partnerarbeit erneut gelesen und mithilfe der Wort- und Bildkarten fortgesetzt. In einer gemeinsamen Runde werden die fertigen Gedichte abschließend vorgestellt. Natürlich besteht hier auch die Möglichkeit, eigenes Spielzeug als Wortmaterial zu verwenden und den Text aufzuschreiben, der dann einem anderen Kind zum Lesen gegeben wird.

Einheit 8: Auf der Erde gibt es …

Der Basistext dieser Einheit folgt einer festen Struktur. Der Satzbau wiederholt sich bzw. enthält wiederkehrende Satzteile, weshalb der Text für Leseanfänger im DaZ-Unterricht gut geeignet ist.
Der Einstieg in das Lesestück erfolgt in Partnerarbeit: Die Kinder erhalten dazu einzelne Wort- und Bildkarten (KV 27), die sie gemeinsam einander zuordnen sollen. Dabei lesen sie sich die Wörter gegenseitig vor. Alternativ kann mit den verdeckten Karten auch nach den Memory-Regeln gespielt werden.
Im Anschluss teilt die Lehrerin den vollständigen Text (KV 28) aus. Jedes Kind liest den Text zunächst für sich allein und dann zusammen mit dem Partnerkind, wobei sich die Schüler hier zeilenweise mit dem Vorlesen abwechseln. Danach trifft sich die Klasse oder Gruppe im Sitzkreis zum gemeinsamen Lesen und bespricht die Anschlussaufgabe. Letztere besteht darin, das Gedicht fortzusetzen. Hierfür werden im Plenum erste Ideen gesammelt. Eventuell entsteht an dieser Stelle schon ein gemeinsames zweites Gedicht. Im Laufe des Unterrichtsgesprächs formulieren die Kinder dann den Schreibauftrag für ein eigenes Gedicht.

Einheit 9: Fünf kleine Affenkinder

Im Mittelpunkt der Unterrichtseinheit steht das Gedicht „Fünf kleine Affenkinder“ (KV 30). Die Kinder verändern ausgesuchte Teile dieses Basistextes und schaffen so ihr eigenes Gedicht.
Das Bild der Affenbande (KV 29) liegt zunächst als stummer Impuls in der Kreismitte und regt die Kinder zum freien Sprechen an. Anschließend fügt die Lehrerin einige weitere Bildkarten hinzu und lässt Vermutungen anstellen, was diese mit der Affenbande zu tun haben könnten. Die Kinder sollen in dieser Phase ungelenkt erzählen können.
Im Anschluss trägt die Lehrerin das Gedicht (KV 30) auswendig und betont vor. Dabei veranschaulicht sie den Inhalt anhand einiger zuvor selbst erstellter Bildkarten. Die Kinder äußern sich danach spontan zum Gehörten und berichten, was sie witzig oder seltsam fanden. Häufig haben die Kinder bereits nach dem ersten Lesedurchgang Beobachtungen zur besonde-

ren Form des Gedichts gemacht. Das betrifft die sich wiederholenden Satzteile oder auch die Reimpaare in jeder Strophe. Im nächsten Schritt sollen die Kinder sich nun den Basistext und seine immanenten grammatischen Strukturen gut einprägen. Dazu trägt die Lehrerin den Text noch einmal vor und die Kinder sprechen ihn mit. Als Erinnerungsstütze dienen die im ersten Vortragsdurchgang im Kreis ausgelegten Bildkarten.
Nach dieser Phase präsentiert die Lehrerin das Gedicht erneut, und zwar in Form von Satzstreifen, die in ungeordneter Reihenfolge im Kreis ausgelegt werden. Gemeinsam bringen die Kinder diese in die richtige Reihenfolge. Abschließend lesen alle noch einmal gemeinsam das Gedicht vor.
Im weiteren Stundenverlauf bereitet die Lehrerin die Kinder auf die spätere, selbstständige Textproduktion vor. Dazu überlegen die Schüler zunächst, welche Textteile ausgetauscht werden können. Als Impuls entfernt die Lehrerin die Überschrift und lässt sie von den Kindern ersetzen, z. B. durch „Fünf kleine Pantherkinder“. Die Schüler gehen den Text dann Zeile für Zeile gemeinsam durch und äußern ihre Vorschläge bezüglich weiterer Änderungen. Diese werden auf Wortkarten notiert und über die entsprechende Stelle des Basistextes gelegt, sodass ein neuer Text entsteht. Je nach Leistungsvermögen der Kinder können mehr oder weniger Satzteile ausgetauscht werden. Hierzu stehen den Kindern später zwei verschiedene Tippzettel (KV 31/32) zur Verfügung, die sie für ihre eigene Textproduktion verwenden können.
Das Ersetzen des Reimpaares in der zweiten und vierten Zeile jeder Strophe ist sicherlich für den einen oder anderen Schüler ein Stolperstein innerhalb des Gedichts. Sprachlich schwächere Kinder können die vorgegebenen Reimpaare übernehmen. Für die übrigen Schüler ist es hilfreich, wenn man gemeinsam verschiedene Reimwörter zu den Zahlen Vier, Drei und Zwei sucht. Vorschläge der Kinder werden an der Tafel als Cluster um die Zahlwörter notiert.
Im nächsten Schritt verfasst jedes Kind sein eigenes Gedicht. Die Tippzettel und die Reimwörtersammlung an der Tafel können dabei unterstützend herangezogen werden.
Sobald die Kinder ihr Werk beendet haben, suchen sie sich einen Partner und tragen diesem das eigene Gedicht vor. Das zuhörende Kind darf Tipps geben oder loben.
Jedes Kind übt sein Gedicht so lange, bis es den Text dem gesamten Plenum flüssig und betont in einer Abschlussrunde vortragen kann. Die Lehrerin sollte sich mit Berichtigungen an dieser Stelle zurückhalten. Für eine durchdachte Überarbeitung ist in einer Anschlussstunde noch Zeit. In dieser Phase gilt es vor allem, die Arbeit der Kinder zu würdigen.

Einheit 10: Stell dir vor

Das Gedicht „Stell dir vor“ (KV 34) eignet sich ebenfalls zur generativen Textproduktion (vgl. Einheit 9). Dies bedeutet, dass die Schüler einzelne Wörter oder Satzteile substituieren und am Ende der Unterrichtseinheit ein eigenes Gedicht erstellen. Im Rahmen dieser Einheit können die Kinder zunächst über Erlebnisse eigener Zoobesuche erzählen. Dann werden nacheinander die vier merkwürdigen Bilder (KV 33) in die Kreismitte gelegt und damit ein intensiver mündlicher Austausch angeregt.
Im Anschluss trägt die Lehrerin das Gedicht (möglichst auswendig, siehe KV 34) den Kindern vor und legt entsprechende Textstreifen aus. Die Kinder lesen das Gedicht leise. Im Anschluss werden die Tiere durch Wortkarten ausgetauscht und die Kinder dazu aufgefordert, eine zweite passende Zeile zu finden. Sollte dies den Schülern schwerfallen, kann die Lehrerin Ideen vorgeben (KV 35/36). Sobald den Kindern das Prinzip der Substitution klar ist, dürfen sie ihr eigenes Gedicht schreiben. Dazu kann der Lückentext (KV 37) verwendet werden. Abschließend tragen die Kinder ihre Gedichte im Plenum vor.

Einheit 11: Wenn ein Hund in die Schule geht

Das Schreiben eines eigenen Textes steht im Zentrum dieser Einheit. Ausgangspunkt ist das Gedicht „Wenn ein Hund in die Schule geht“ (KV 39), das in Anlehnung an das Bilderbuch „Wenn ein Löwe in die Schule geht“ von Friedl Hofbauer-Kauer und Petra Probst verfasst wurde und im Laufe des Unterrichts von den Kindern umgeschrieben werden soll. Auf diesem Wege erweitern sie ihren aktiven Wortschatz rund um den Themenbereich Tiere (Tiernamen, Eigenschaften / Fähigkeiten der Tiere, Tiergeräusche) und beschäftigen sich implizit mit Artikeln und Personalpronomen.
Zu Beginn der Stunde wird ein Sitzkreis gebildet. Die Lehrerin legt ein Bild (KV 38) in die Mitte, auf dem ein Hund mit Schulranzen zu sehen ist, und die Kinder erzählen frei dazu. Im Anschluss daran trägt die Lehrerin das Gedicht (KV 39) auswendig und ausdrucksstark mit entsprechender Gestik und Mimik vor, sodass sich die Schüler den Inhalt besser einprägen können. Nacheinander werden – passend zur jeweiligen Strophe – die restlichen Bildkarten (KV 38) in die Kreismitte gelegt. Die Kinder haben die Gelegenheit, sich zum Gehörten zu äußern und mitzuteilen, was sie am Gedicht lustig oder ungewöhnlich finden. Die Lehrerin trägt das Gedicht ein weiteres Mal vor und die Schüler versuchen, mitzusprechen. Vor einem letzten Durchgang erhalten die Kinder das Gedicht als Satzstreifen (KV 40), die sie dann während des erneuten Vortrages in die richtige Reihenfolge bringen sollen.

Im nächsten Schritt werden die Kinder auf die selbstständige Textproduktion vorbereitet. Als Impuls schreibt die Lehrerin ein neues Tier, z. B. „ein Pferd", auf eine leere Wortkarte und legt es über den Abschnitt „ein Hund". Wichtig ist, dass das neue Tier einen anderen bestimmten Artikel hat, damit sich in der nächsten Zeile das Personalpronomen „er" in „es" bzw. „sie" umwandelt. Anschließend überlegen die Kinder gemeinsam, was wohl ein Pferd in der Schule alles lernen könnte bzw. was es eventuell nicht lernen wird (z. B. trompeten). Die neuen Wortkarten werden auf die entsprechenden Stellen gelegt und der Text so sukzessive verändert. Bevor die Schüler an das selbstständige Schreiben gehen, sollten an der Tafel oder auf Wortkarten ein paar Tiere (mit Artikel), deren Fähigkeiten (z. B. galoppieren, springen...) und Tiergeräusche (z. B. wiehern) gesammelt werden, sodass mehrere Cluster entstehen. Diese dienen den Kindern beim Verfassen ihres eigenen Gedichts als Ideensammlung und Wortschatzstütze. Für die Textproduktion stehen bei Bedarf auf kleinen Wortkarten weitere Tiere und passende Verben (KV 41/42, auf Vorder- und Rückseite kopieren) zur Verfügung. Zudem kann die Lehrerin unsicheren Kindern ein Textgerüst (KV 43) anbieten. Ein Wörterbuch sollte ebenfalls stets griffbereit sein.
Je nach Leistungsvermögen können die Kinder nun eine oder mehrere Strophen dichten. Es ist nicht zwingend notwendig, dass sich die Wörter reimen. Auch die Anzahl der im Basistext enthaltenen Verben darf im eigenen Text unterschritten werden.
Sobald ein Kind fertig ist, sucht es sich einen Partner. Beide tragen sich gegenseitig ihre Gedichte vor und geben sich eine erste Rückmeldung. Anschließend können sie im Bedarfsfall noch etwas an ihrem Gedicht ändern. Die Texte werden dann geübt und im Plenum flüssig und betont vorgelesen oder sogar frei vorgetragen. In einer Anschlussstunde ist es möglich, die Gedichte nochmals zu überarbeiten. Abschließend können die Werke mit passenden Bildern ergänzt und zu einem Klassenbuch gebunden werden.
Übrigens: Die Kinder werden erfahrungsgemäß auch auf die Idee kommen, Gegenstände, wie z. B. Stuhl, Pflanzen, Haus usw., „in die Schule zu schicken". Auf diese Weise entsteht nebenbei ein weiterer motivierender Schreibanlass.

Im verrückten Schloss

Es war einmal ein König, der lebte mit einer Prinzessin in einem großen Schloss. Eines Nachts wachte die Prinzessin auf. Sie hörte ein schauerliches Buhuuuuu. Plötzlich stand ein Geist neben ihr. Sie erschrak fürchterlich und schrie: „Hiiiiilfe!"

Der brave Hausdrache des Königs kam sofort angeflitzt und verschluckte den Geist mit einem Happs. Die Prinzessin war gerettet. Aber dafür hatte der Drache jetzt einen fürchterlichen Schluckauf. Jedes Mal, wenn er hicksen musste, schnaubte er einen großen Schwall Feuer.

Zum Glück hüpfte gerade ein Clown vorbei. Der machte einen Handstand und lauter andere verrückte Sachen. Der Drache musste so lachen, dass der Schluckauf bald weg war.

Als der Drache später wieder in seinem Turm einschlief, träumte er von Amerika, seinem Geburtsland. Ein Cowboy ritt neben ihm und plötzlich huschte ein Indianer aus dem Gebüsch. „Haaaaalt", rief dieser und hob seine Hand. „Das ist Indianerland. Drachen dürfen hier nicht rein. Keinen Schritt weiter!"

Plötzlich machte es ZISCH und eine Hexe flog direkt an der Nasenspitze des Indianers vorbei. Der fiel vor Schreck in Ohnmacht. Daraufhin flog die Hexe eine Kurve und raste auf den Drachen zu. Zum Glück wachte der Drache im letzten Moment auf. So ein verrückter Traum!

Leider hatte der Drache nun wieder einen Schluckauf. Hicks! Und bei jedem Hicks spuckte der Drache erneut Feuer. Ganz schön gefährlich, was?

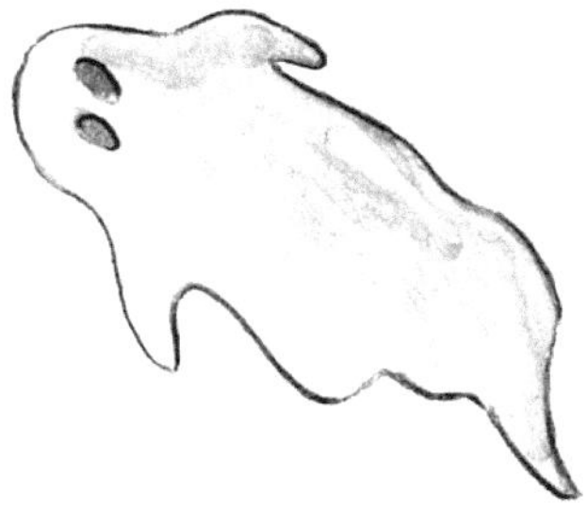

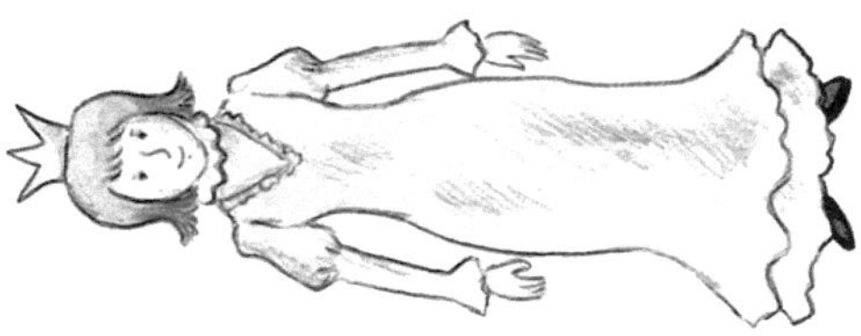

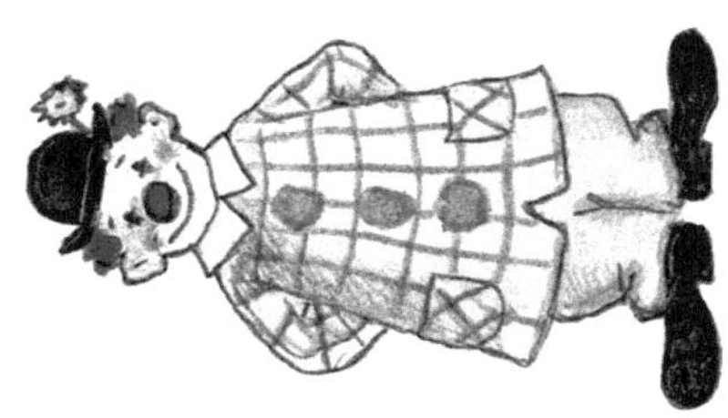

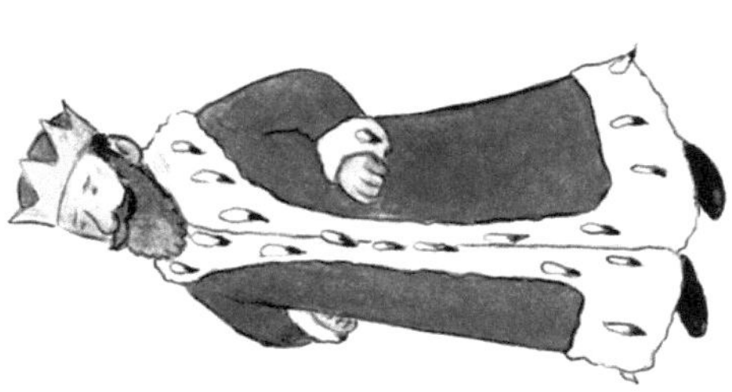

Professor Paul Pommerwein

Es war einmal ein verrückter Erfinder, der hieß Professor Paul Pommerwein. Er liebte das Basteln über alles und wohnte in einem sehr alten und sehr schiefen Haus. Darin befand sich eine riesige, unordentliche Werkstatt. Professor Pommerwein hatte inzwischen so viele verrückte Maschinen gesammelt, dass er manchmal Tage brauchte, um seinen guten und sehr wertvollen Hammer oder anderes Werkzeug zu finden. Aber ihn störte das überhaupt nicht, denn er war eben ein großer Erfinder. Übrigens: Er hat schon einmal eine Regenmaschine erfunden. Toll, was? Nur leider regnete es keine Wassertropfen, sondern lauter grüne Käfer. Das fanden die Leute im Dorf nicht sehr lustig. Ein anderes Mal erfand er eine automatische Gummibärchenfüttermaschine. Diese konnte man am Mund befestigen und dann fütterte sie einen mit leckeren Gummibärchen. Das Problem war nur, dass sich die Maschine nicht mehr abschalten ließ. Einigen Kindern wurde daraufhin sehr, sehr übel!

Eines Tages aber baute Professor Pommerwein einen Roboter. Es dauerte fast ein ganzes Jahr, bis er den Roboter fertig hatte. Dann war es endlich soweit! Er schaltete ihn ein und hatte ihn darauf programmiert, ihm eine leckere und knusprige Pizza zu backen. Am Anfang ging alles gut: Der Roboter holte die Schüssel, das Mehl, die Eier und das Rührgerät aus den Schränken. Doch was machte er dann? Er schmiss alle Sachen in die Schüssel und warf die Schüssel auf den Boden, direkt vor Paul Pommerweins Füße. Rumms! Der Professor erschrak fürchterlich und rannte schreiend aus der Küche.

Und was machte der Roboter inzwischen? Hast du eine Idee?

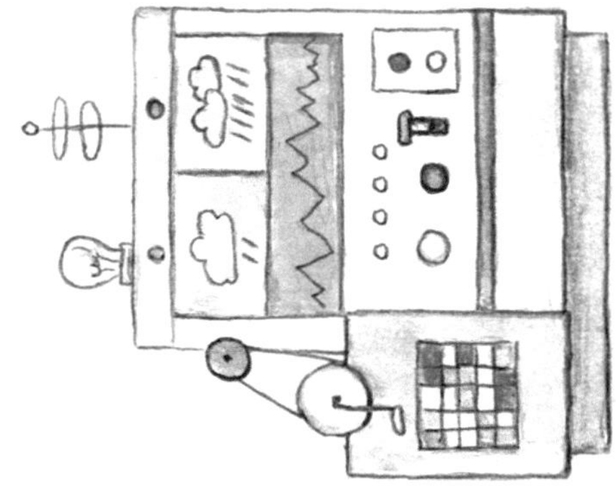

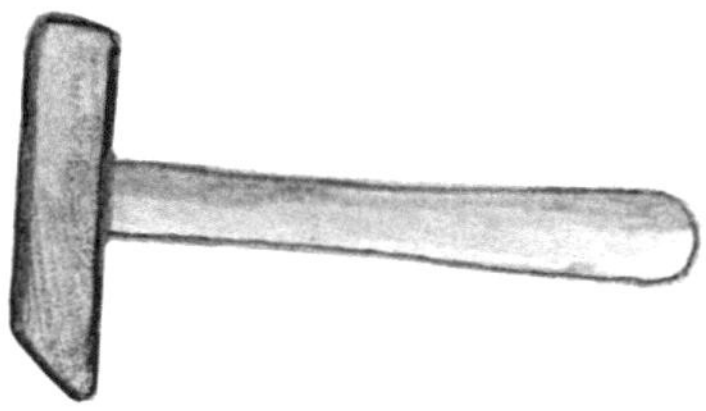

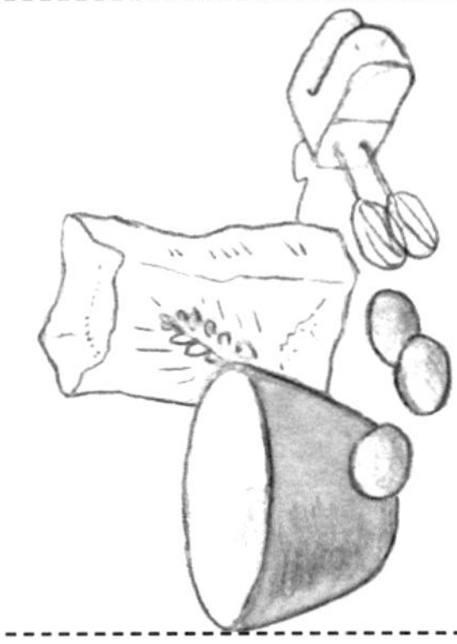

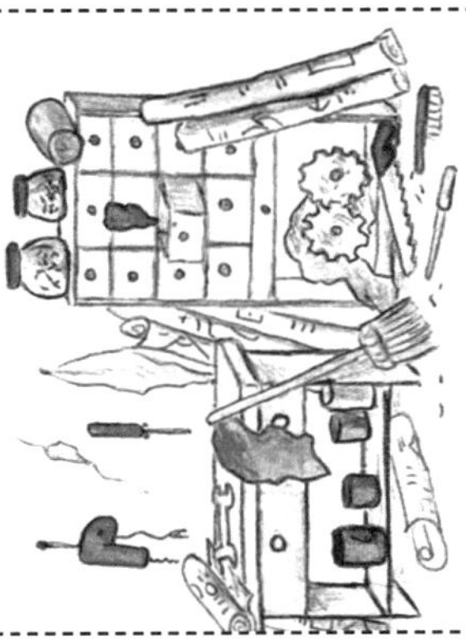

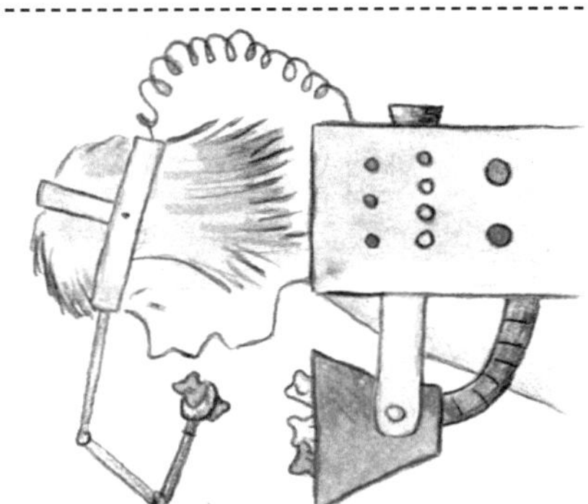

Der Roboter

Der Roboter, der Roboter,

er summt und brummt,

er quietscht und piepst

und plötzlich bleibt er stehen.

Kurz kann er sich noch drehen.

Theo Doerfler

Das bin ich!

Das ist meine Nase, das ist mein Bauch.

Das sind die Hände, Füße hab ich auch.

Das sind die Ohren, davon hab ich zwei.

Das sind die Haare, das sind mehr als drei.

Das ist mein Kopf, das sind die Knie,

zehn Finger, mehr werden's nie.

Das sind die Augen, hier mein Mund,

jetzt lache ich, ich bin gesund!

Theo Doerfler

Zwerg und Riese

Es war einmal ein Riese. Sein Name war Richard Riese. Er hatte eine blaue Hose und ein rot-grün kariertes Hemd an. Außerdem trug er eine braune Mütze. Jeden Tag saß er traurig auf einer Wiese mitten im Wald. Immer zur Mittagszeit, kurz vor seinem Mittagsschlaf, weinte er ganz fürchterlich. Seine Tränen waren so groß wie Fußbälle. Er jammerte: „Ich bin groß und stark und habe keine Freunde. Ich bin soooo traurig. Überall wo ich hinkomme, laufen alle vor Angst davon. Keiner mag mich. Ich bin ein armer großer Riese!“ Plötzlich tippte jemand an seinen riesigen Zeh. Richard Riese merkte erst gar nichts. Doch dann kitzelte es ihn fürchterlich. Da erst sah der Riese einen Zwerg an seinem großen Fuß. Der Zwerg hatte grüne Kleider an und einen knallroten spitzen Hut auf dem Kopf. Gerade wollte der Zwerg etwas sagen, da brüllte der Riese: „Was willst du, kleiner Zwerg? Lass mich in Ruhe!“ Der Zwerg war sehr mutig und rief mit piepsiger Stimme: „Kannst du mir helfen? Ich habe mich im Wald verirrt. Du bist ein Riese und brauchst nur aufzustehen. Dann kannst du über alle Bäume schauen und siehst bestimmt auch mein Zwergenhaus zwischen den Bäumen.“ Der Riese war erstaunt. Da gab es jemanden, der seine Hilfe brauchte. Er stand auf und schaute über die Bäume. Dann fragte er: „Wie sieht denn dein Haus aus, kleiner Zwerg?“ Der Zwerg überlegte und sagte dann: „Es hat ein rotes Dach, grüne Wände und einen blauen Schornstein. Außerdem stehen daneben zwei riesige Sonnenblumen.“ „Aha“, sagte der Riese. „Ich sehe es! Du musst in die Richtung gehen. Ich zeige es dir!“ Und so zeigte der Riese dem Zwerg den Weg zu seinem Haus. Am Haus angekommen, lud der Zwerg den Riesen zu einer Tasse Tee ein. Der Riese freute sich. Seitdem treffen die beiden sich regelmäßig zum Teetrinken und sind sehr gute Freunde geworden.

der Pinguin		die Giraffe	
der Büffel		der Affe	
der Seehund	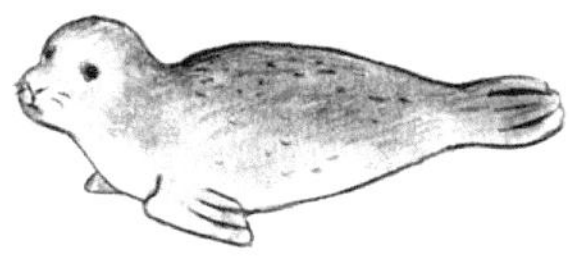	der Gorilla	
die Katze		das Krokodil	
das Kamel		der Esel	
der Elefant		der Papagei	

den Kopf drehen		mit der Hüfte kreisen	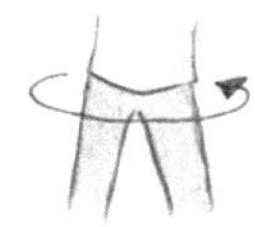
mit den Armen schwingen	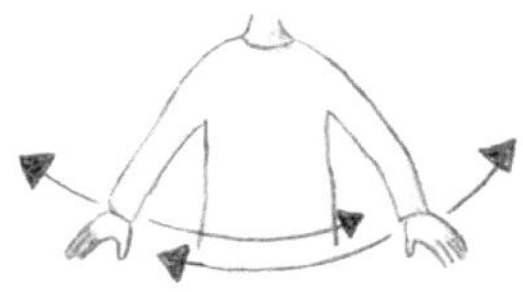	in die Knie gehen	
mit den Schultern kreisen	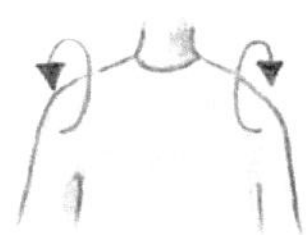	mit den Füßen kreisen	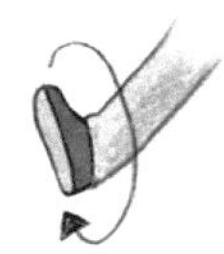
mit den Fingern schnipsen		in die Hände klatschen	
mit dem Kopf wackeln	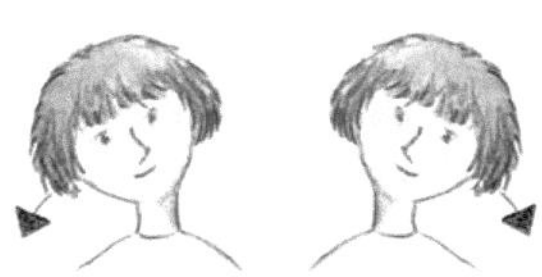	in die Luft springen	
mit den Augen zwinkern		nach vorne beugen	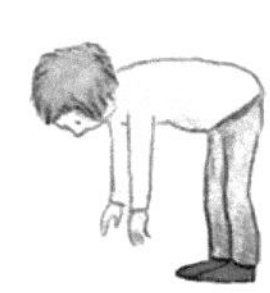

Ich bin ______

und ______

Ich bin ______

und ______

Ich bin ______

und ______

Ich bin ______

und ______

Ich bin ______

und ______

Ich bin ______

und ______

Von Kopf bis Fuß

Name: ______

Ich bin ______

und ______

Rätselkarte von ______________________________

So sieht mein Kleidungsstück aus:

Rätselkarte von ______________________________

So sieht mein Kleidungsstück aus:

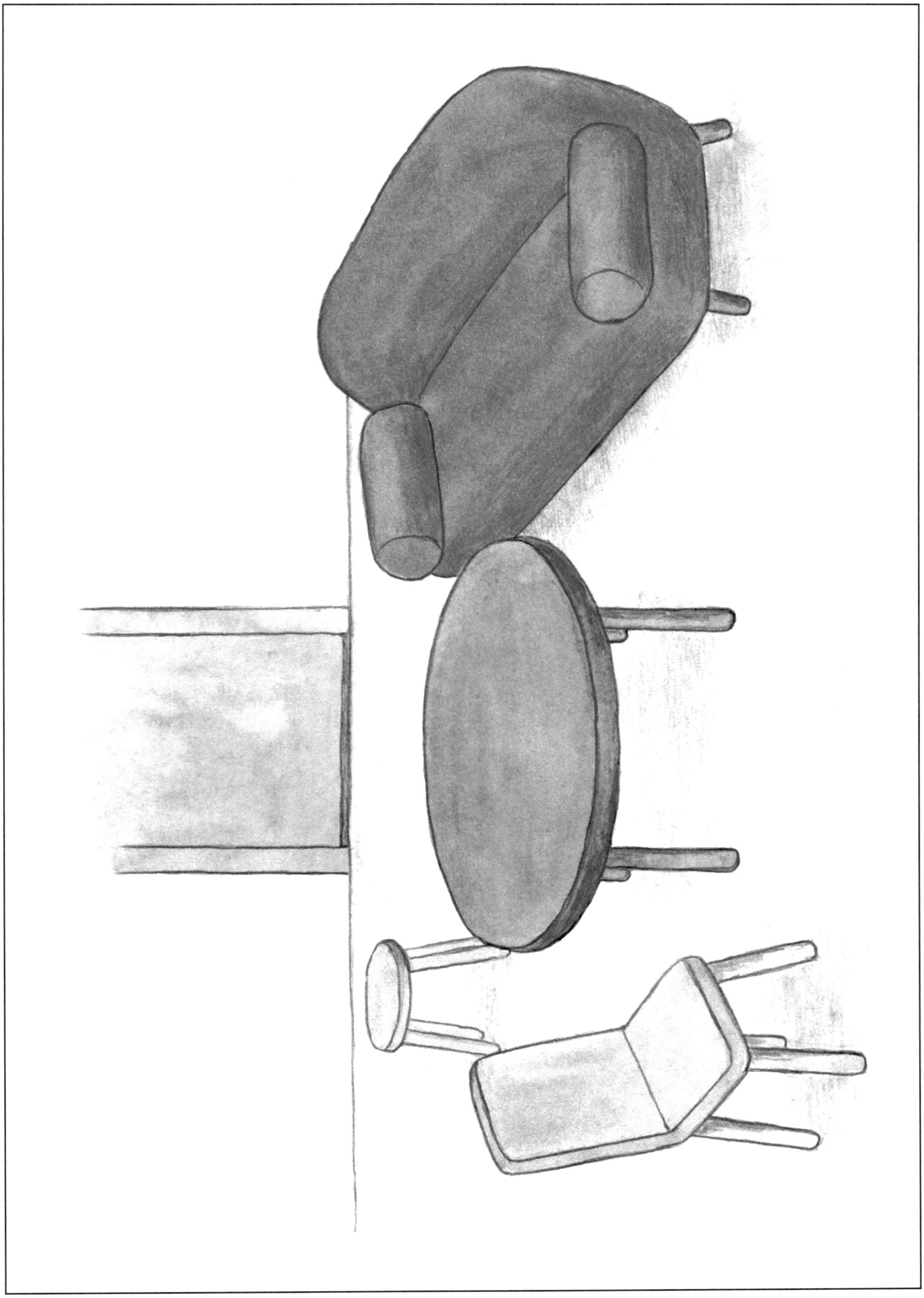

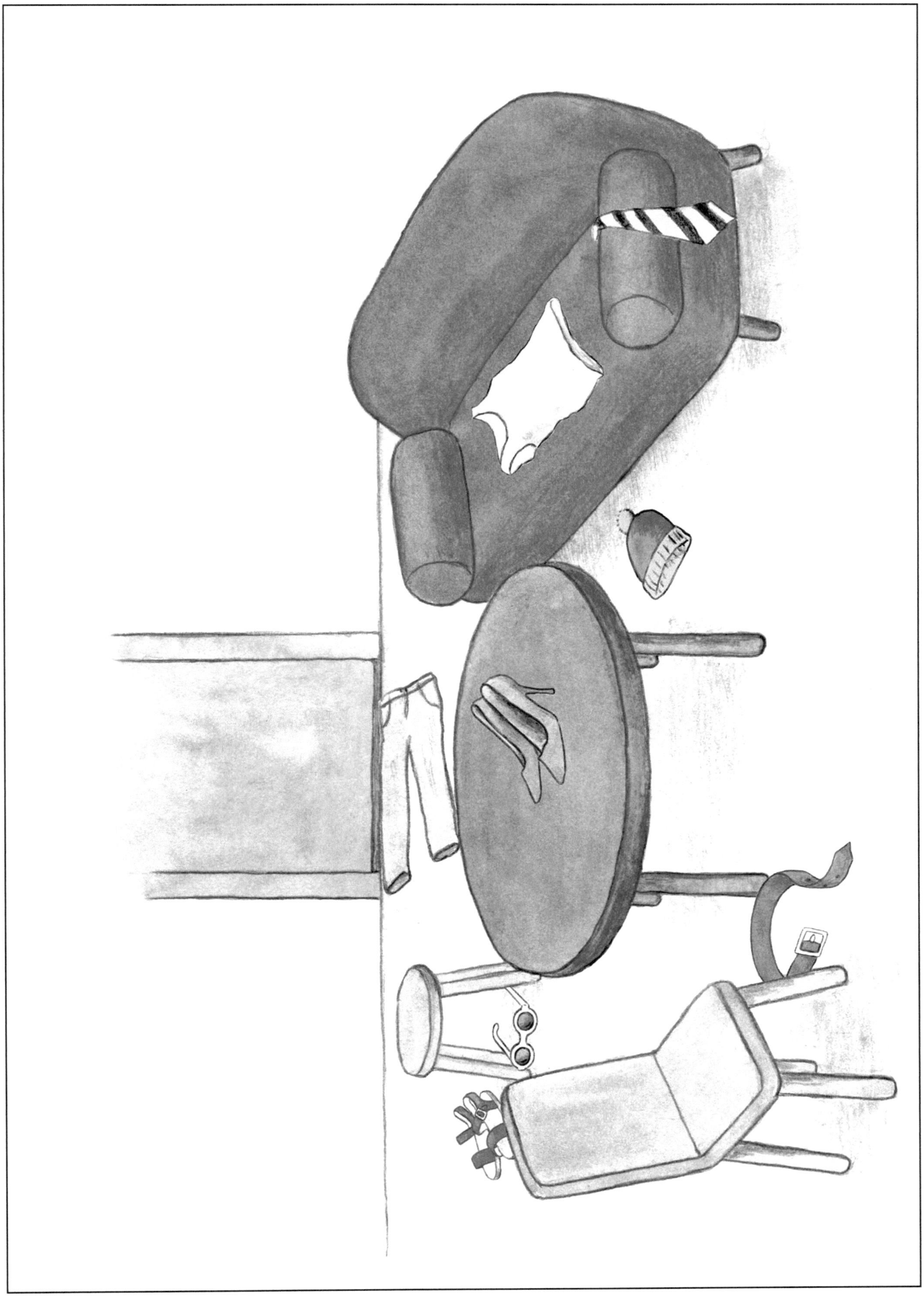

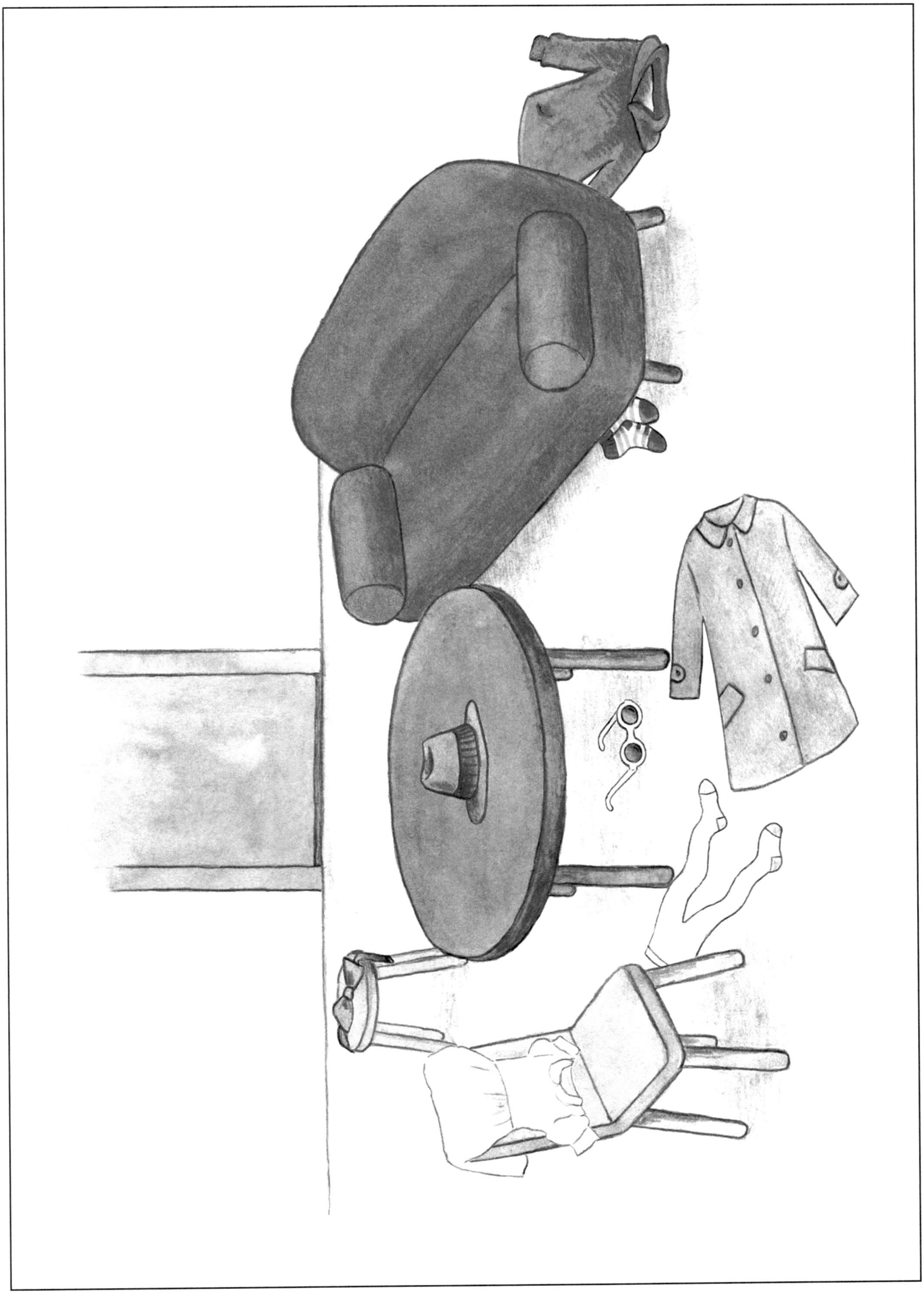

die Strumpfhose	die Fliege	die Skihose	die Stiefel
die Handschuhe	der Schal	der Kapuzenpulli	die Sandalen
die Mütze	die Stöckelschuhe	die Turnschuhe	die Socken
das Unterhemd	der Pullover	die Bluse	die Krawatte
der Anzug	das T-Shirt	der Hut	das Kleid
der Rock	die Brille	die Weste	der Gürtel
der Mantel			

Name: Datum:

Kleiner grüner Wurm

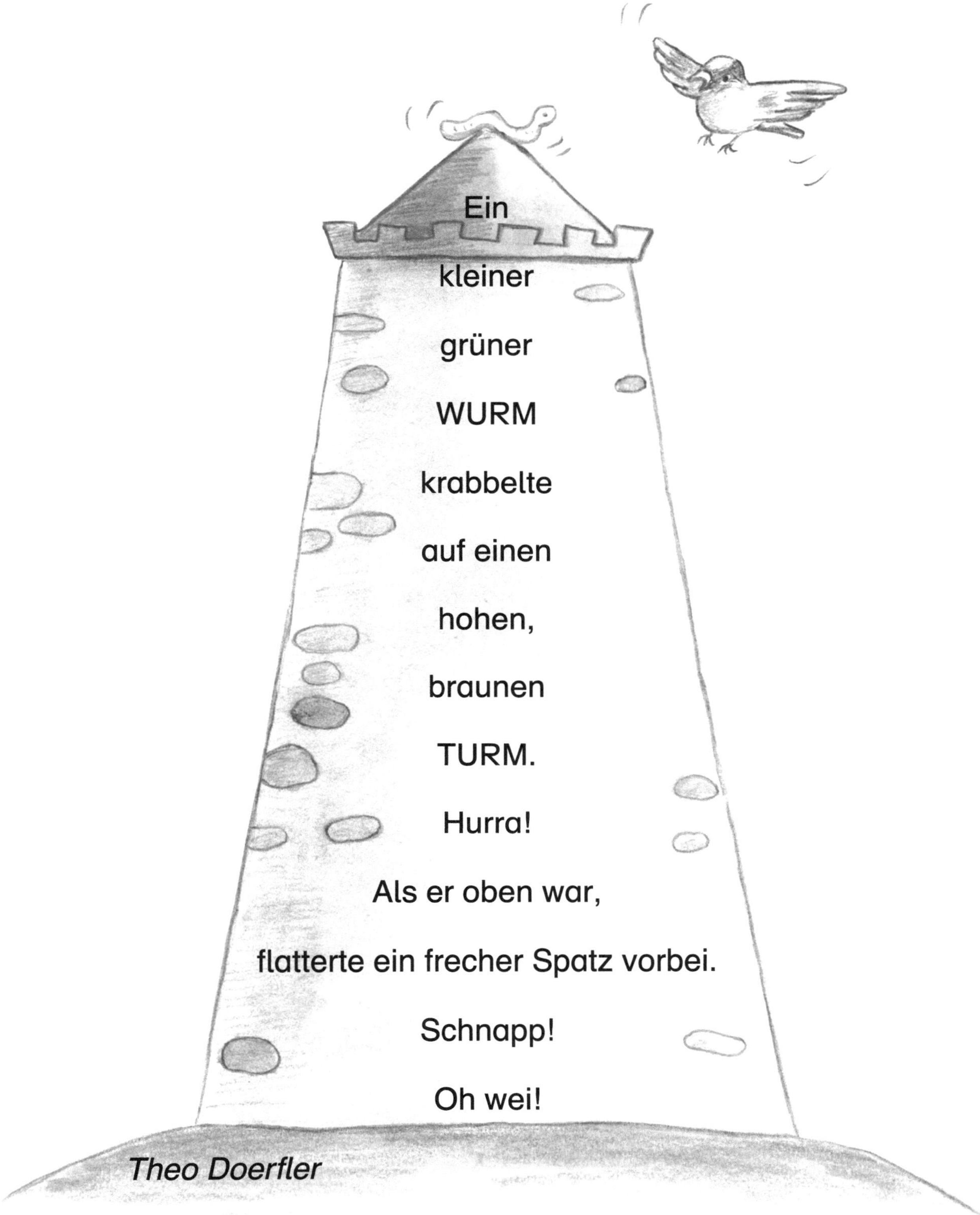

Ein
kleiner
grüner
WURM
krabbelte
auf einen
hohen,
braunen
TURM.
Hurra!
Als er oben war,
flatterte ein frecher Spatz vorbei.
Schnapp!
Oh wei!

Theo Doerfler

Name: Datum:

Ein eigenes Gedicht erfinden

Versuche, das Gedicht vom kleinen grünen Wurm auswendig zu lernen und dann zu verändern.

Beispiel: Schnecke → Hecke

Eine kleine braune Schnecke
kroch
auf eine hohe grüne Hecke.
Hurra!
Als sie oben war,
flatterte ein frecher Spatz vorbei.
Schnapp!
Oh wei!

Jetzt darfst du dir ein neues Gedicht überlegen.
Diese Wörter helfen dir dabei:

Spinne → Dachrinne
Blattlaus → Haus
Floh → Stroh
Fliege → Liege
Zecke → Ecke, Decke

Schreibe dein Gedicht in einer besonderen Form auf und male ein passendes Bild dazu.

Name: Datum:

So ein Durcheinander

In der Holzkiste in meinem Zimmer,
finde ich alles,
naja,
leider nicht immer!

Zwischen den Kuscheltieren
schlafen
zwei braune Bären,
daneben
...

daneben	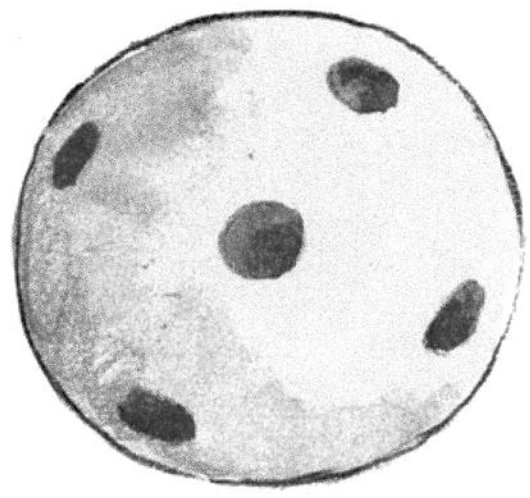	dazwischen	
darunter		darüber	
dazwischen		daneben	
darüber		darunter	
daneben	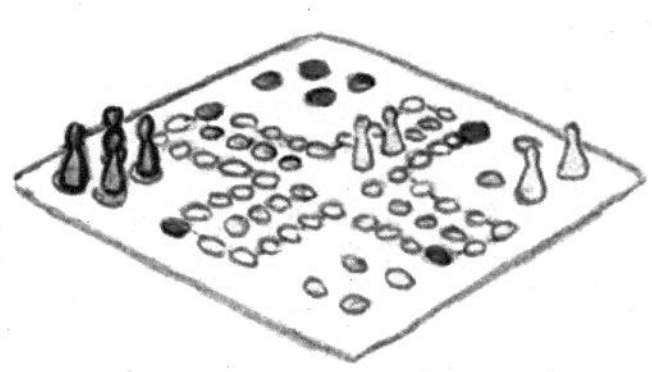	dazwischen	
darunter		darüber	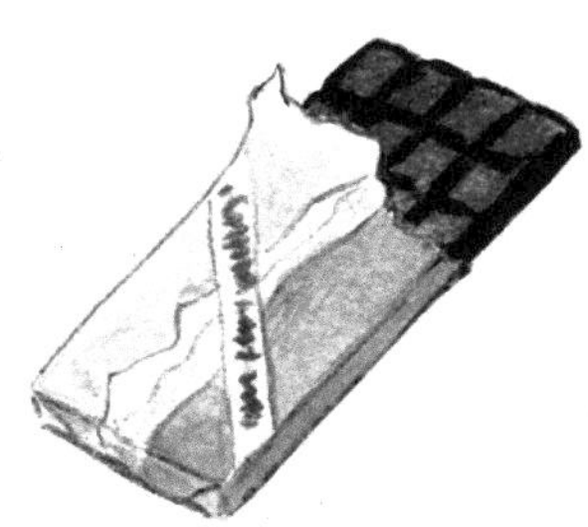

Erde		Kiste	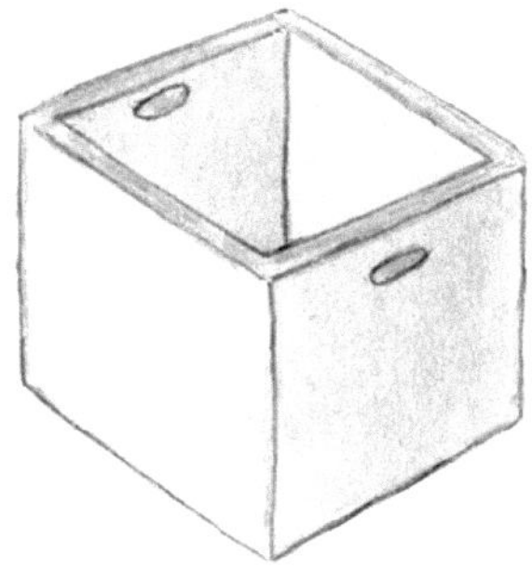
Land	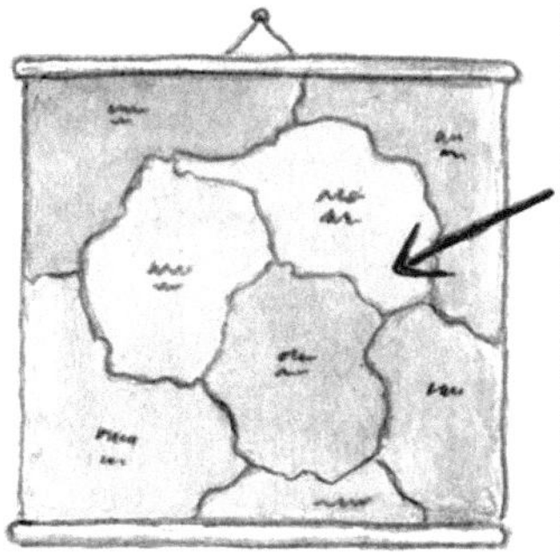	Tüte	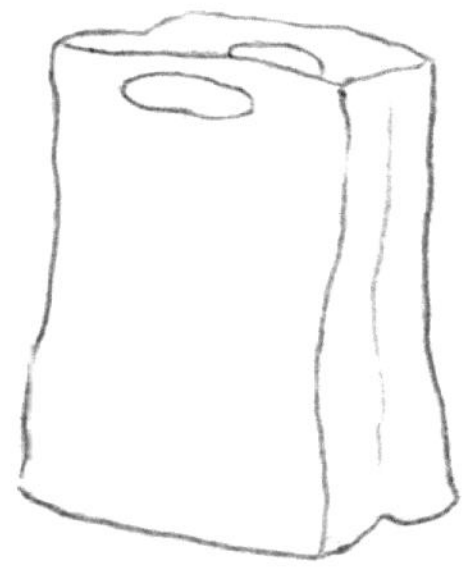
Stadt		Nuss	
Geschäft		Käfer	
Regal	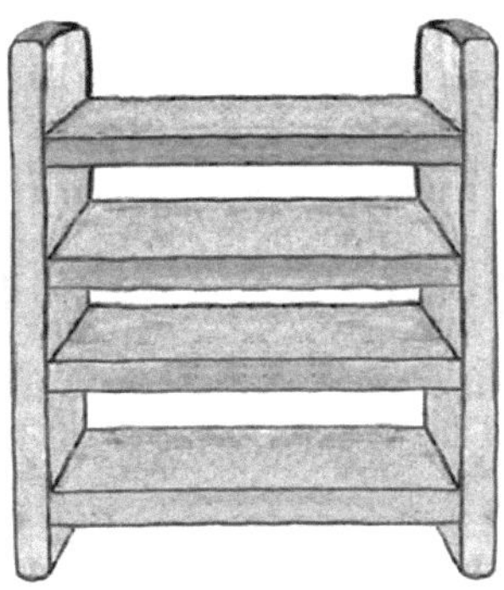	Traum	

Name: Datum:

Auf der Erde

Auf der Erde gibt es ein Land.
In dem Land gibt es eine Stadt.
In der Stadt gibt es ein Geschäft.
Im Geschäft gibt es ein Regal.
Auf dem Regal steht eine Kiste.
In der Kiste liegt eine Tüte.
In der Tüte steckt eine Nuss.
In der Nuss wohnt ein Käfer.
Der Käfer
träumt
von einem großen, weiten Land.

Theo Doerfler

Kannst du weiterdichten?

In dem Land gibt es eine Straße.
Auf der Straße fährt ein Auto.
Im Auto sitzt …

Name: Datum:

Fünf kleine Affenkinder

Fünf kleine Affenkinder
tobten durchs Quartier.
Eines wollte lieber schwimmen,
da waren's nur noch vier.

Vier kleine Affenkinder
gingen in die Bücherei.
Eines wollte lieber Fernsehn schauen,
da waren's nur noch drei.

Drei kleine Affenkinder
mampften ihren Brei.
Eines wollte lieber Honigbrot,
da waren's nur noch zwei.

Zwei kleine Affenkinder
gingen gerne wandern.
Sie wollten nicht alleine sein,
drum riefen sie die andern.

Nina Raunegger

Name: Datum:

Fünf kleine Affenkinder

Schreibe ein Gedicht. Setze deine eigenen Wörter ein.

Fünf kleine ______________________________

________________ durchs Quartier.

Eines wollte lieber ___________________________,

da waren's nur noch vier.

Vier kleine ______________________________

________________ zur Bücherei.

Eines wollte lieber ___________________________,

da waren's nur noch drei.

Drei kleine ______________________________

________________ ihren Brei.

Eines wollte lieber ___________________________,

da waren's nur noch zwei.

Zwei kleine _____________________

gingen gerne wandern.

Sie wollten nicht alleine sein,

drum riefen sie die andern.

Name: Datum:

Schreibe ein Gedicht. Setze deine eigenen Wörter und Satzteile ein. Vergiss die Überschrift nicht.

Fünf ______________________________

Fünf ___________________ ____________________

___________________ ___________________ ___________________.

Eines wollte lieber ___________________,

da waren's nur noch vier.

Vier ___________________ ____________________

___________________ ___________________ ___________________.

Eines wollte lieber ___________________,

da waren's nur noch drei.

Drei ___________________ ____________________

___________________ ___________________ ___________________.

Eines wollte lieber ___________________,

da waren's nur noch zwei.

Zwei ___________________ ____________________

gingen gerne wandern.

____,

drum riefen sie die andern.

Name: Datum:

Stell dir vor

Stell dir mal vor,

du spazierst durch ein großes Tor.

Da reitet ein frecher Affe

auf der schlanken Giraffe.

Ein gefährlicher Fisch

sitzt vor seinem Braten am Tisch.

Das kleine Krokodil

schwingt vergnügt den Besenstiel.

Und das aufgeregte Gnu

probiert seine neuen Schuh'.

Bist du jetzt im Zoo
oder doch irgendwo?

Theo Doerfler

Ehering	Wiege	gekochtes Ei	Kran
Hering	Ziege	Papagei	Hahn
Stau	Wand	Zange	Herd
Pfau	Elefant	Schlange	Pferd

schläft	liegt	balanciert	streicht
trägt	verschluckt	frisst	träumt
verliert	knallt	sitzt	kauft
steht	rennt	findet	verbrennt

Name: Datum:

Stell dir vor

Stell dir mal vor,
du spazierst durch ein großes Tor.

Da ______________________________

______________________________.

Ein/e ______________________________

______________________________.

Der/Die/Das ______________________________

______________________________.

Und der/die/das ______________________________

______________________________.

Bist du jetzt im Zoo
oder doch irgendwo?

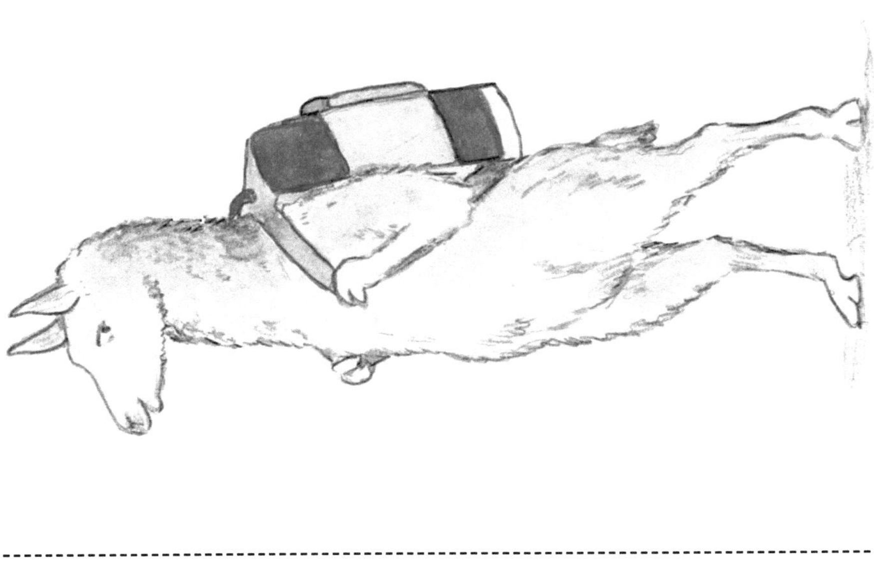

Name: Datum:

Wenn ein Hund in die Schule geht

Wenn ein Hund in die Schule geht,
lernt er bellen und rennen,
fressen und bewachen,
aber nicht rechnen.

Wenn eine Katze in die Schule geht,
lernt sie miauen und schauen,
kratzen und klettern,
aber nicht blättern.

Wenn ein Lama in die Schule geht,
lernt es spucken und schleppen,
trinken und stampfen,
aber nicht tanzen.

In Anlehnung an: Friedl Hofbauer, Wenn ein Löwe in die Schule geht. Betz Verlag, München, Wien 1993.

Wenn ein Hund in die Schule geht

Wenn ein Hund in die Schule geht,

lernt er bellen und rennen,

fressen und bewachen,

aber nicht rechnen.

Wenn eine Katze in die Schule geht,

lernt sie miauen und schauen,

kratzen und klettern,

aber nicht blättern.

Wenn ein Lama in die Schule geht,

lernt es spucken und schleppen,

trinken und stampfen,

aber nicht tanzen.

In Anlehnung an: Friedl Hofbauer, Wenn ein Löwe in die Schule geht. Betz Verlag, München, Wien 1993.

das Schwein – grunzen – sich im Dreck wälzen – fressen	**das Huhn** – gackern – picken – scharren	**das Pferd** – wiehern – rennen – springen
die Kuh – muhen – grasen – kauen	**der Elefant** – stampfen – trompeten – mit Wasser spritzen	**die Biene** – summen – fliegen – Honig machen
die Schlange – zischen – Angst machen – beißen	**der Papagei** – plappern – fliegen – Futter suchen	**der Vogel** – fliegen – Nest bauen – zwitschern
der Löwe – brüllen – anschleichen – jagen	**die Maus** – schleichen – Nüsse knacken – schnüffeln	**der Frosch** – quaken – hüpfen – Fliegen verspeisen
die Ente – schnattern – fliegen – schwimmen	**die Grille** – zirpen – springen – sich verstecken	**die Ziege** – meckern – klettern – Pflanzen fressen
der Tiger – brüllen – sich verstecken – jagen	**der Affe** – kreischen – klettern – springen	**die Schnecke** – kriechen – Fühler einziehen – Salat fressen
der Hamster – nagen – rennen – Vorräte sammeln	**der Bär** – brüllen – knurren – Honig schlecken	**der Fisch** – blubbern – schwimmen – mit Kiemen atmen

Name: Datum:

Schreibe ein Gedicht. Setze deine eigenen Wörter ein.

Wenn ________ ____________ in die Schule geht

Wenn ________ ____________ in die Schule geht,

lernt ________ ____________ und ____________,

____________ und ____________,

aber nicht ____________.

In Anlehnung an: Friedl Hofbauer, Wenn ein Löwe in die Schule geht. Betz Verlag, München, Wien 1993.

Platz für dein Bild

Oldenbourg Kopiervorlagen 188

Redaktion: Claudia Passek
Illustration: Irmtraud Guhe, München
Umschlagkonzept: Mendell & Oberer, München
Umschlaggestaltung und -illustration: Lutz Siebert-Wendt, München
Technische Umsetzung: MedienDesign Bruggberger, Kirchheim b. München

www.oldenbourg-bsv.de

1. Auflage, 1. Druck 2013

Alle Drucke dieser Auflage sind inhaltlich unverändert
und können im Unterricht nebeneinander verwendet werden.

Druck: H. Heenemann, Berlin

ISBN 978-3-637-01836-5

Inhalt gedruckt auf säurefreiem Papier aus nachhaltiger Forstwirtschaft.